A Niccolò, perchè il presente non
finisca mai di passare.

Gigliola de Feo, Gianmarco de Stefano
Pezzi di Vita

Prima Edizione
dicembre 2024

Collana "Il Brodo in Discesa"

Gigliola de Feo
Gianmarco de Stefano

Pezzi di Vita

Collana "Il Brodo in Discesa"

M
Miramarefilm Edizioni

...se i nostri due amori son uno,
o tu ed io
nutriam amore così eguale,
che nessuno è in difetto,
nessuno dei due amori può morire.

John Donne

DIMMI DI TE

È stato perché diceva cose troppo poco ordinarie.

Forse ho sbagliato, gli ho detto di riaccompagnarmi, ma quelli speciali mi sono sempre piaciuti. Eppure, sono i peggiori.

Mi è sembrato che dentro la mia stanza lui si muovesse a suo agio come ci fosse sempre stato. O magari era lui che stava trasformando le mie pareti a sua immagine e somiglianza.

No, certo, non si possono cambiare le persone, siamo stati subito d'accordo su questo, ma gli oggetti, quelli invece sì.

Sto girando il mio caffè da un po', mi piace quella piccola onda chiara che il cucchiaino increspa nella superficie scura. Sembra che nella tazzina ci sia un soffio di vento. L'inaspettato...

Mi hai baciato le mani, nel sonno, sorridevi. Sembravi innocente.

Poi, quando ti sei svegliato, lo eri meno. O magari no, mi confondo. Devo smettere di pensarci. I pensieri scorrono, e tutto quello che scorre devasta.

Non lo so se ho avuto fiducia, e se ne ho, sto

Cosa si potrebbe mai fare, se continuo così...
Perdona i miei atteggiamenti personali ma, se
proprio insisti, allora dovrò raccontarti la mia
verità... Mi sono ripromesso di non crescere,
oggi. Devo confessarti alcune cose che non
riesco a tenere per me...

1. Volevo cambiare il mondo, ma il mondo ha
   cambiato me;

2. Sì, certo mi piacciono le donne, qualche
   volta persino le amo, ma ciò non sempre
   dà la felicità (...probabile che sia solo una
   questione di bisogni);

3. ...ho sempre cercato di salvare qualcuno
   ma, naturalmente, ho fallito...(adesso
   cerco solo di salvare me stesso)

Sono vivo e sto da Dio nel mio mondo privato.
Non ho bisogno di illusioni.
Mentre il mondo scorre via, potrei cercare di
saltare il "muro" per poter vedere da vicino i
tuoi occhi, e non morire dentro di essi.
La vita ha la stessa logica di un sogno.
Mi sono spinto troppo oltre nel mio labirinto.
La mia mente, il mio cuore, i miei occhi, i miei
pensieri.

cercando di evitare di chiedermelo. Il trucco è questo: sceglierò di non occuparmene, ci proverò, adesso farò un sacco di cose importanti e fondamentali per convincermi che non ho bisogno di farmi nessuna domanda.

Non vorrei essere un altro genere di donna, eppure vorrei esserlo.

A volte sembrava che tu ci fossi, a volte no.

Devo temere il domani, essere attenta, guardinga... il concetto non mi appartiene, che vuol dire? Ho riso.

...diventare cronaca di domani?! ...e perché non storia solenne, biografia autorizzata, dizionario enciclopedico?!

Stai bluffando.

Tu hai capito quello che sta succedendo.

Qualcuno direbbe "è già tardi", ma tardi per cosa?

Io sono incosciente, coraggiosa. Femminista.

Odi le femministe. Ma, d'altra parte, non ami i maschilisti.

E nella foga di sapere di te, non so di me.

Se ne ho voglia, oppure no.

Il desiderio che tutto vada BENE, la ricerca

Affondo...

Ora 26 e zero5, ora delle mie giornate: tu che pensi, potrei essere uno tra mille bugiardi...???

Ho voglia di combattere contro i mulini a vento.

Guarda la luna, i miei occhi, i miei pensieri..

(...ho perso il mio cervello, ieri, in autostrada ero con lei, mi ha fatto continuare fino a casa sua, sono stato bene...)

...ma ci sono ancora le mie idee, tutte intere, nascoste e sparpagliate...

alcune malate, altre stupide, altre ancora legate...

(...il tempo era così poco, che alimentato da un falò di "perché no", sono rimasto lì da lei...)

Forse farei meglio a scrivere un'altra volta, oggi sono troppo confuso...

Anche se so bene che alla fine verrà fuori solo la parte peggiore di me stesso... "perché non bisogna essere poi così...romantici"

... queste tue parole.

Non sono molto d'accordo con quello che hai detto ieri, quello che definisci "d'altri tempi" è il mio tempo.

E' quello che ho regalato a qualcuno, e che poi mi è stato restituito in parte – ma questa è un'altra storia.

Essere romantico, coccolarsi dolcemente, fare tutto

della perfezione, e poi cos'è la perfezione, il bene in amore? Cosa si deve cercare? Meglio essere sereni o felici? Possono cambiare le nostre risposte col tempo?

E poi, dove le abbandoniamo le risposte di ieri? Ho ansia di vivere, non ho paura. Mi sono già tuffata dove l'acqua è scura e profonda, mi sono già attaccata le bombole d'ossigeno e sto scendendo più giù che posso. Io non ho nessuna intenzione di restare qui, ferma, dove sono. Devo sapere, devo parlare, devo sentire, devo comprendere...

E non ho bisogno che chiami.

Il tempo è importante, categorico. Io lo scriverei sempre con la lettera maiuscola. Il Tempo.

"Fugit irreparabile".

Chi dice che non se ne occupa, in realtà ha paura.

Tu hai paura del Tempo, ma non solo. Anche del tempo, quello semplice, scritto piccolo, piccolo, cinque letterine che sembrano innocue solo all'apparenza – come te.

Il Tempo e il tempo esistono, eccome.

ciò che sembra d'altri tempi è per me motivo di
eternità...

...Ok, ci ho pensato bene, non voglio più anima viva,
qui;

...fuori dai piedi! Adesso!

Mentre precipito a velocità accelerata,

ho sputato fuori la mia gentilezza e ho indossato il
mio viso preferito.

Questa notte con te, però, ho preso freddo!

E le risposte ???

Forse giaceranno in silenzio...

Guardati alle spalle, guardati da me, fidati, o diventerai
parte integrante della mia cronaca di domani.

(...lei ha sospirato fiumi di parole, lasciandomi dietro
bottiglie vuote e cuori infranti.

Questa mattina, verso l'ora più calda sono ritornato
a casa e l'ho chiamata, poi, dopo un istante, ho
riattaccato, lasciando tutti i miei anni completamente
interdetti; e ora sono qui seduto a scrivere questo
capolavoro, ubriaco di prima mattina...)

Le teorie mi annoiano, il femminismo mi infastidisce, il
machismo mi fa vomitare, le critiche non mi sfiorano,
la mia idiosincrasia per i consigli e per la fatica si
riversa nella mia anarchia compositiva...

Sono strada da percorrere. Sono attesa, consapevolezza, azione. Si srotolano addosso a noi. Noi siamo fatti di tempo. Tutti, anche tu che fingi di non essere d'accordo, mentre stai fuggendo.

Perché me ne sono accorta che stai fuggendo. Sarà una volta come tante, un giorno ed una notte qualunque del calendario. Oppure era un appuntamento. Il Tempo crea il Destino. Anche questo con la lettera maiuscola.

Ti regalerò un orologio e un mazzo di tarocchi. O forse deciderò che il prossimo minuto del mio tempo lo userò per fuggire anch'io...

Ho deciso, ne sono sicuro, il presente è il risultato del passato, e quindi non è mai giusto dare un taglio netto.

Mi sono smarrito nella velocità delle auto che sfrecciavano, tra luci rosse e bianche.

E volevo dirti che, se ti capita, non dovresti chiedere alla gente chi potrei essere, sei tu che devi saperlo.

Sì, ho deciso, resto qui, anzi nel posto dei miei sogni, nella mia tana.

La mia mente è ingombra di bagliori e di squarci e di solitudine.

...il tempo? Il tempo è di quelli che devono concludere una giornata qualunque, di quelli che sono superficiali, di tutti quelli che non hanno niente da fare...

Ore 26 e venti2, ora delle mie giornate...

...dimmi di te...

LA LUNA

La luna è immobile.

Sospesa.

"Che fai tu, luna, in ciel? Dimmi che fai...?"

Adoravo Leopardi, a scuola...

...allora, siamo lei ed io...

ma ovunque, in quanti saremo a crederlo?

Se unissimo le anime di tutti quelli che stanno col naso in su, adesso...

Forse c'è anche lui, in mezzo a tanti nasi...

Allora, siamo in tre... lei, io e lui...

Stiamo sopra un ponte nel cielo, un gancio verso l'orizzonte futuro...

Ma che noia, comunque, che noia la luna... io non voglio la luna, voglio lui...!

Non voglio spazi e cielo, non voglio atmosfere seducenti e lontane... voglio lui!!!

... eppure, eccomi, sono in pace col mondo e con i miei desideri

...e finalmente, li riconosco i miei desideri hanno un'unica direzione,

un'unica curva che piega verso nord...

La nostra vita è un lampo...

...ci abbaglia.

Come la luna.

L'amore è un attimo fuggente... La nostra vita
è un lampo...

prendimi se vuoi.

Questa sera eri lì nel celo, t'ho guardata, t'ho
spiata... scusami...

Ti ho parlato, ma non so se eri tu; quella vera...

Ti ho sentito, me l'hai detto... eri emozionata.

Ho sentito vivi tutti i miei sbagli, la notte e il
cuore...

Ci sono, il mio orgoglio può aspettare...

C'eri, ho riconosciuto i tuoi colori, scopriti...

illuminami...

c'era anche lei – da un po' di tempo a questa
parte, lei c'è sempre...

Questa volta me la ricorderò... Te la ricorderai...

nell'anima l'hai spinta via...

Tu stai lì, sopra mille occhi, ma una notte ti
porterò una stella piccina, piccina e potrai
prenderla con te...

ti porterò lei...

Mi hai sorriso...poi, mi sono addormentato.

IL MULINO

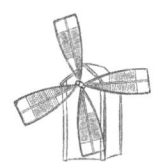

Qui, il mare è così azzurro che sembra finto.

E poi, è autunno, fa fresco, non freddo, per carità, lo so che mi prendi in giro, che sto sempre sepolta dalle sciarpe e dai golfini, ma lo sai che sono freddolosa, eppure qui non tira vento, e c'è quel sole pallido e rassicurante che accompagna le domeniche delle ottobrate migliori.

Poi, oggi sei stranamente dolce... e a me viene da ridere, non ci sarà sotto qualcosa?!? D'altronde l'hai detto tu che devo stare attenta, non abbassare mai la guardia...ecco, adesso, stai ridendo anche tu...!

"Gli spaghetti ai frutti di mare io li mangio senza cozze, però..."

I tuoi occhi sono lucidissimi, sembrano due gocce di pioggia. Brillano così tanto che ho paura. Paura che tutto possa finire da un momento all'altro.

Ma poi, anche se finisse, chissenefrega, l'ho vissuto. Ti ho amato. E ti amerei ancora, potendo scegliere. Sì, ti risceglierei di nuovo.

"Va bene il vino bianco?"

Forse ci siamo quasi, manca pochissimo,

"Volevi un posto dove andare a mangiare?
...ecco, che ne dici di un vecchio mulino? Pensi
che potrebbe essere di tuo gradimento...?"
Magari... "Sì, grazie, mmhm, buonissimo..."
...ed ancora e ancora, il silenzio, il mare...
Il suo sapore, il tuo. Ti guardo e sono felice.
Cadrebbero parole così, se fosse per sempre...e
poi ancora un altro bacio. Forse, scivolando,
cadremo anche noi... e poi ancora 10, 100,
1000 volte ti amo. Ti vedrei, ti vedrò sorgere
ogni giorno, delicatamente e distrattamente.
Quasi non mi accorgerei, quasi non mi
accorgerò di stringerti, sotto una spruzzata di
pioggia, al buio, alla luce di un faro.
Al silenzio di un unico momento.
Improvvisamente, tutti i verbi al futuro, io che
vivo di condizionale.
Attimi per vedere te così vicino, sorriderti
come sospeso nel tempo.
"Sei sporca di cioccolata, sembri una
bambina..."
Le tue labbra...
...mi pare chiaro, adesso, che cercherei
ovunque il tuo respiro.

oppure no, ci siamo già.

Io vorrei correre avanti per scoprirlo. Tu sei più saggio. Più saggio di me? Incredibile! Io che pensavo di essere matura e adulta. Con te sono una bambina buffa. Ti guardo mentre ridi. Sei bello quando ridi. E rido anch'io...

Mentre ti osservo sognare il mare, il mio mare, nel mio angolo su di te.

Si chiamano certezze, e arrivano così all'improvviso? Forse...

Mi scalderei anche sotto la profondità gelida dei sogni, siamo soli, tu ed io, ad un passo da noi...

CHE SAPORE L'AMORE

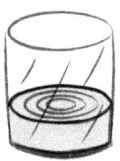

Non so quanto ho dormito, forse un'ora, forse due... ho aperto gli occhi, e tu non c'eri, però c'era l'odore del tuo sorriso, e allora non mi è parso di svegliarmi da sola.

Un'aria tersa, anche nella stanza... una frescura che metteva allegria, che faceva pensare a pomeriggi di passeggiate in paese, a trattorie profumate di brace, a stelle luminose sul dorso delle colline.

Mi è presa una voglia euforica di alzarmi subito... ma poi non l'ho fatto, perché mi piaceva troppo quella sorta di quieto deliquio tra le lenzuola di lino...

...a ripensare a te, a noi.

Alle tue mani che mi accarezzavano e che mi prendevano... ora dolci, ora forti...

Come se mi fosse scivolato nel sangue un ruscello di montagna, fresco, trasparente, sereno... e io non sono mai stata serena, eppure adesso mi pare di sentirla, la serenità...deve essere questa cosa qua, questo senso di pace, questa fiducia nel domani, questo tendere l'orecchio verso il tuo passo, per capire se stai rientrando...

... e così, accadde.

Ti lasciai dormire, facemmo l'amore e con tutto me stesso ti presi per mano e dolcemente ti accompagnai fra le sue braccia...

sei bellissima, quando dormi...

...sei concentrata, anche se hai gli occhi chiusi sembra che tu stia seguendo il filo di un pensiero preciso, il braccio disteso sotto ai capelli, la mano destra che dondola leggera...

Era già da un po' che ero sveglio. Al pomeriggio, lo sai, mi piace poter essere all'aperto, poi quest'aria stupenda mi fa impazzire...

Hai ragione, forse avrò fatto un po' troppo rumore...

...conosco le immagini, dolcemente avrai schiuso i tuoi grandi occhi chiari e presa da un brivido leggero avrai accarezzato il mio cuscino...

La porta della stanza è aperta, la luce da fuori invita ad assaggiarne il suo sapore, la campagna...

...giusto un occhio alla tua immagine riflessa... sul comò, il tuo bicchiere... avevi sete, ti succede sempre quando mangi di più a pranzo...

Il campanile ha battuto cinque rintocchi. L'eco si è sparpagliata tutt'intorno.

Ho accarezzato il tuo cuscino, poi mi sono bloccata a metà... e ho sorriso di me stessa, perché mi sono sentita come la protagonista di una fiction, di quelle un po' melense, un po' scontate...

Oggi ti ho amato come se tutto il cielo si fosse precipitato sulla mia testa, e avesse annodato un fazzoletto azzurro, stretto intorno a questo letto, a noi, ai nostri sogni.

So che ti ho amato senza risparmiarmi, ti ho amato senza custodire niente di me, ti ho dato ogni centimetro, ogni sussulto dei miei pensieri... ti ho detto sì per tutto il tempo, anche se tu non hai sentito perché, certo, non è che io l'abbia pronunciato davvero, però ho scelto che fosse sì, e ho lasciato che tu mi raggiungessi, e che mi trovassi.

Adesso mi alzo e ti chiamo... dove sarai? Sei uscito in giardino? ...No, che non sei fuggito, adesso non ho più paura... adesso, non temo né te né me... adesso è adesso. È il tempo di esserci. Di non nascondersi più.

Sono uscito sul patio a passeggiare, tra me e me... pensare che non dovevamo venire, invece siamo qui. Questa casa in campagna sembra fuori dal tempo. Ogni tanto si sentono delle voci in lontananza, ma anche loro fanno parte della quiete... l'aria è fresca, lucida, serena... sono come sganciato dal resto del mondo, libero, limpido...

Che sapore, di te...

...il nostro.

Non posso smettere di pensarci, come un film che si proietta dentro all'infinito...

...il tuo corpo, le tue mani...

...eri così, meravigliosa...pareva ti avessero disegnata... "Ma che buon sapore che hai...", è dolcissimo, scende lento, piano, lo leggevo nei tuoi occhi, quasi una dolce sofferenza, mi guardavi fisso mentre io ero immobile, il protagonista...

"...baciami..." mentre con l'altra mano posavi il vestito... il bicchiere, sempre lì...

...il vento mi soffia tra i capelli, qualcuno sta dicendo il mio nome... forse sei tu, forse ti sei svegliata...

Sto sorridendo... così, non mi era mai successo... che sapore, l'amore...

MASCARA

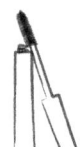

Ho addosso uno strano freddo, e tu non mi guardi.

Ho aperto i cassetti che scivolano sulle guide ben oliate e sembra che si prendano gioco di me. Veloci, troppo veloci. I cassetti di casa tua mi stanno cacciando.

Forse, sto diventando pazza. Devo mantenermi lucida, raccogliere gli oggetti. Anche se è folle farlo. Che ne farò più di loro? Sanno di te... Conoscono tutto di noi... Come abbiamo potuto arrivare fino a tanto?

E come fai tu ad essere così lento nei tuoi movimenti, perché non cerchi di fermarmi, tu ti stai offrendo di aiutarmi, non è questa la battuta giusta da dire, perché non sbarri la porta, perché non piangi, perché non sei come quando ti ho conosciuto, spavaldo, arrogante, tiranno?

Allora, mi sento cattiva, faccio tutto quello che può ferirti di più. Adesso, ti accarezzo i capelli, come ti piaceva tanto...

E ho sbagliato a spingermi così oltre, nel dolore, dovevo virare subito, prima della collisione irreparabile... e ho sbagliato anche

Sono i tuoi, li vedo, lacrimano, li ho sentiti...

...fanno rumore, un rumore sordo, perfetto nella sua tristezza...perduto...

No, non avere fretta, non far scoppiare il cuore, lui ha bisogno di tempo...

Qui mi è rimasto ben poco da aspettare...

Il mio tempo è già scaduto, sono alla fine e di noi sogni, solo sogni...

La mattina, i bagagli e poi hai lasciato questa casa.

"...ho finito, vado..." ...dimmelo, perché???

Che sta succedendo? Mi prende un'angoscia nera, non capisco davvero, fino in fondo, quello che stiamo vivendo, non credo neppure di avere ben capito perché lo stiamo vivendo, mi pare come se mi avessero schiaffeggiato, mi sento stordito, e il tuo dolore mi sta devastando...

Il trucco scende, è nero, sprofonda...

...no, così no, sarà peggio. Aspetta, ti aiuto.

Un velo scuro, una maschera.

Mi sembra come se i gesti che fai fossero lentissimi, dilatati, come quando sei quasi svenuto, e senti le voci e i movimenti altrui come fossero lontanissimi, dentro una bolla di

a mettermi tanto mascara, stamattina, che adesso sono una maschera di inchiostro e sembro una specie di fattucchiera pronta a ballare il sabba...

E smettila, non voglio risponderti, perché devo essere io quella che si prende la responsabilità di dire che sì, è finita, e firmare l'epitaffio?

Stavolta non parlo, non ti guardo, non mi muovo più...

(Il silenzio benedetto, infine, ci travolse e ci guarì...)

vetro, o come quando in mezzo al mare cerchi di afferrare qualcosa, e proprio quando sei convinto di esserci riuscito, ti sfugge, e sguscia via, con una velocità che ti lascia incredulo, smarrito...

Ecco, tu sei quel qualcosa, io sono in mezzo al mare...

...che cerco le tue mani, disperatamente...

Sei ancora qui e ho già nostalgia di loro, meravigliose, sicure, troppo.

Ti guardo e sei spaventata ma, voltati, io sono qui...

ma dimmi, dimmi, sei sicura?

...e a che cosa pensi?...dove vai...?

Allora, è proprio finita?

Averti per un solo attimo ancora, in quel disordine, andando via così, come per caso...

(Il silenzio, allora, parlò... ci illuse...)

PARLARSI

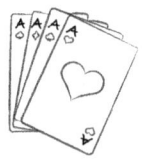

Lo so, che vuol dire.

Attraversare le ore inutili, trascinare le parole, gli sguardi di circostanza.

Però, è che non ti puoi sottrarre. Forse c'è un'equazione matematica. Forse è la salvezza. O una maledizione, non lo so.

Arriva il senso di colpa, o forse più semplicemente è il bottone del pilota automatico.

Per anni, ho sbucciato le arance sforzandomi di non spezzare la spirale rugosa e profumata. Ho scavalcato i gradini dispari e tenuto la suoneria del cellulare al minimo per poter illudermi che uno squillo vitale c'era stato, ed io non lo avevo sentito...

Il fatto è che non c'è ossigeno, se non accade qualcosa di serio, di vivo. Si passa l'esistenza del giorno e della sera a scrivere. Ad aspettare che il film, prima o poi, succeda.

Io credo che niente sia più serio dell'amore. Niente. Non me ne importa di sembrare banale. Adoro essere banale, così.

Non lo so se siamo in transito e non credo di volerlo sapere.

...i signori dell'ago e del filo. Hanno creato la leggenda dell'abito imperfetto dicendo: " ...spalle morbide, e bavero a mantello".

Così come, con la stessa naturalezza, risponderebbero a quali sono gli ingredienti giusti per fare la pizza:"Pomodorini di Scafati e mozzarella di bufala...".

Una storia non scritta da leggere tra le righe...

Ore ed ore di infinite chiacchierate, parole su parole, risate, silenzi... discorsi imprevedibili tra la cottura di una spigola all'acqua pazza e l'ultimo poker...

Sopravvivere.

Prima.

Prima di ora, prima di te.

Meglio vivere, è tutta un'altra storia.

Ci sono sempre stato, certo, ero io. E quando qualcuno mi chiedeva che lavoro facessi, rispondevo:"Io penso", perché pensare bene non dico sia un lavoro, ma qualcosa di utile alla società, sì, per forza, qualcosa di raro.

Io penso come "io vivo"...

Come "io amo".

Mi sto convincendo che questa mia vita reale

Però, ho imparato che tutto quello che finisce, finisce male. Perché, altrimenti non finisce. Come dici tu, continua. E forse è vero che tutto ha un seguito, perfino l'inizio, ma allora tutto ha un inizio, anche il seguito, se ci pensi, ce l'ha...

sia solo un transito. No, non sto parlando di religione.

Sto parlando di te.

Un'unica strada verso il "diventare uomo".

E credo che tutto abbia un seguito. Per fortuna, perfino l'inizio.

NATALE

Stamattina mi hanno svegliata le campane. Quando succede, poi, mi sento bene. Come se la festa si insinuasse fin da subito in mezzo ai pensieri del risveglio.

D'altra parte, comunque, è Natale. E quindi è tutto diverso. Almeno, per me è così.

Natale è quando di notte smetti di fare brutti sogni. Quando sei certo che niente di sbagliato potrà accadere, e che forse qualcosa di giusto e inaspettato, invece sì.

Per cui, apri gli occhi e sei soddisfatto prim'ancora di mettere i piedi giù dal letto. Come a sentirti addosso una sensazione di speranza. Io sono convinta, davvero, che sia nient'altro che una questione di fiducia. Che improvvisamente senti di poter regalare un po' in ordine sparso, con quell'incoscienza benedetta che è tipica dei piccoli e che ti libera dalla preoccupazione della 'verifica': lo meriterà, o no?!

Allora, dicevo, mi sentivo così quando è spuntato il sole, oggi. Volevo chiamarti, ma forse, a pensarci bene, non è del tutto vero. A dire la verità, ho concluso che era meglio

Ora della mia sveglia, data di un mercoledì dei giorni di Natale, dormo... raggomitolato in sogni confusi, tra una passeggiata su di una spiaggia di sera e la musica dei Dire Straits... D'improvviso, sento qualcosa che s'infila nel profondo e che comincia a riportarmi in superficie, verso la realtà.

Forse un suono...

Apro gli occhi, la stanza è in penombra, ma la luce è sufficiente per vederti e per capire che questa non è la tua stanza da letto, e allora perché sei qui? Questo non è il tuo letto...

Cerco di capire come mai sei qui, che cosa è accaduto ieri sera... e tu dove sei stata?

Chi hai visto? E io dov'ero?

La mia mente è vuota, non trovo niente. Mi sforzo per cercare di capire.

Eppure, in questo mio momento ci devi pur essere arrivata con le tue gambe, o forse solo con i miei pensieri...

Insomma, chi ti avrebbe spogliata e messa a letto?

Io...?!

Gli abiti sono lì, su quella sedia.

restare ancora a letto, a ripensare alle ultime
cose buone tra noi.

Quando accadono cose pressoché perfette tra
due persone, andrebbe fermato il tempo. Ne
sono sempre stata convinta. Così che gli ultimi
ricordi da ripercorrere con la mente possano
essere quelli, e non altri. Così che si possano
evitare sensazioni amare, 'fresche' a lasciare
il segno.

Quindi, siccome di te ho ancora paura...
quando mi cerchi, o se mi arriva un tuo
messaggio sul telefonino... siccome non sono
mai del tutto certa del fatto che non ti passino
per la testa cose pericolose, e lo so che le mie
sono insicurezze forse anche un po' sciocche –
forse... – ma non posso fare a meno di coltivarle,
lo ammetto, allora per tutte queste ragioni...
sono rimasta silenziosamente sepolta dai miei
cuscini, ad ascoltare il battito delle campane
che rintoccava tra le orecchie e le piume d'oca,
a lasciarmi invadere da quella sensazione di
benessere che preannuncia meraviglie dietro
l'angolo.

Poi, non lo so se le meraviglie arriveranno

Non c'è altra possibilità, devo essere stato io...
Però adesso è meglio che tu prenda i tuoi vestiti e poi, per favore, vai, cerca la porta d' uscita. E' aperta...

Sto cercando di cogliere i particolari...

In un angolo, te ne stai come spezzata da un doppio riflesso, l'espressione di chi cerca di fuggire. Forse non volevi...Forse non ci hai neanche pensato...

Va bene, forse è stata colpa mia. Però, è successo senza che la mia volontà potesse prendere parte, nella mia mente ci sei rimasta e basta... le senti? sono le mie mani...

...Ma chi sei?

Eppure, mi sembra di conoscerti, di riconoscerti, se ti guardo con attenzione, se mi concentro, hai un volto che ricorda... i capelli... quello sguardo... ma si, è lei...è lei, ...allora, sei tu...

Per fortuna, sei tu...

Adesso vado in bagno, poi cerco quelle foto che ho scattato lo scorso weekend, devo essere certo della mia sensazione...forse, potrei chiamarti un momento al telefono per vedere davvero, non lo so se questo nostro è un destino colorato da avverbi definitivi, oppure no, ma so con certezza che tu sei arrivato nella mia esistenza non quando io ero pronta a riceverti. Che nessuno mai, nella vita, è "già pronto" per qualcosa, secondo me. Bensì quando ero pronta a diventare pronta. E non è un gioco di parole, c'è una differenza sottile che è fondamentale.

Da quando tu sei qui, io mi sento più libera di credere al futuro e di essere me stessa.

Sono pronta a vivere, ecco cosa sono in grado di fare adesso. La cosa più grande, in assoluto. Perché comunque tu non sei venuto da solo, ero io che ti stavo chiamando...

se sei qui...o a casa tua...

...una spruzzata d'acqua, nella vasca, sullo specchio sopra al lavabo...

...eccola, la tua foto...appiccicata sopra allo specchio, tu sei sempre con me...

Sì, proprio noi...ormai...

Mi ributto sul letto, il cuscino è zuppo di sudore, devo smetterla di dormire con i termosifoni a palla, che poi deliro... eccole, le foto, ora me le guardo tutte per bene...ma lo so, comunque, scherziamo?! non mi aspetto di trovare nulla che non sappia già...

L'unica possibilità che mi può dare qualche indizio...

... da lì devo partire, per riprendere il filo della memoria.

Non ci sono dubbi, sei tu e sei qui con me...

Chi ti ci ha portato?

Forse cercavi qualcosa? Forse pensavi di sorprendermi? Sei gelosa, tu dici di no, ma invece...

Ecco, ti muovi come in un sogno...perché forse sto davvero sognando... e ti trascina l'istinto, gli odori, i colori, ...tra lampi improvvisi di memoria, e di felicità, ora ne sono sicuro, sei venuta da sola...

VIA

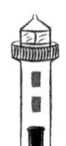

Le ho spente tutte. Con pazienza. Ad una ad
una.
Tanto non potevo far altro che avere pazienza.
Mi ci ero abituata.
Non mi ricordo che tempo faceva. Davvero, per
quanto mi sforzi non lo so, non l'ho in mente.
Poteva essere un giorno qualunque. Anzi,
probabilmente era un giorno qualunque. Forse
la finestra era aperta... se almeno ricordassi
questo, forse potrei ricordare anche se c'era il
sole, o se pioveva...
È come un'ossessione. Mi tormenta. Ho perso
i margini di quel momento. Rivedo i tuoi occhi
chini sulle tue mani.
Continuo a non ricordare. Un grande buco
nero che si allarga a dismisura...
...tremavo. Ho pensato che forse stavo per
morire. Tanto, prima o poi deve succedere.
Forse era quello il momento. So che potevo
fermarti, sarebbe bastata una mano. Tesa.
Camminavi con una strana lentezza. Anzi,
no, non andavi piano. Andavi veloce. O forse
non saprei dire. Mi facevano male quei passi.
Mi si inchiodavano tra i pensieri, tra i capelli,

Le ho percorse tutte...

...credo che ci sia, però, qualcuna chiusa a chiave.

Ero sospeso ...

Ho camminato molto, ero sotto la pioggia, l'acqua mi cadeva giù dai capelli e quasi si confondeva con le lacrime dei miei occhi che non tentavo di nascondere.

Ero sospeso ...

Sono andato dove finisce la pioggia, nel mare... Una dietro l'altra, eccole le onde, sempre più lunghe... ho immaginato, ho gridato il tuo nome...

Tu eri stata lì con me, c'erano state tutte... ma con te era stato diverso, perché c'ero io.

... l'odore era quello di sempre, era bagnato ovunque, anche su quel piccolo faro rosso.

E ho incontrato due estremi, iniziando da lì.

Uno era felice, appagato, soddisfatto e invidiosamente orgoglioso. L'altro...

...su un altro mondo.

Ero sospeso, vedevo e sentivo ma, maledettamente, tutto mi sfuggiva.

Ero sospeso dentro di me, la mia conoscenza mi

nel respiro. Potevo non aprirtela, quella porta. Potevo provare a resistere ancora. Volevo piangere, urlare, strepitare, fare tutto quello che non avevo mai fatto. Forse era ora di farlo. Forse dovevo. Dovevo supplicarti. Dovevo supplicare me stessa. Ma questo l'avevo già fatto. Questo l'avevo già speso. La mia esistenza era ferma, un imputato in attesa del verdetto della giuria. Sono io la giuria. È mia la sentenza. Basta. Ho aperto la porta – Si è spalancata una voragine – È la soglia di casa, ma pare l'Inferno – Mi sgretolavo – Non sapevo dove tenere lo sguardo – Macerie – Mi sei passato accanto, ho fissato le scale, poi c'era il tuo profilo, poi mi è preso il panico, il terrore di perdere la tua voce, la tua voce che pronuncia il mio nome, io sono migliore dentro alla tua voce, ho chiuso la porta. Disperatamente immobile. La fine. Eccola. Non è mai come te la immagini...Ho cercato di tenermi stretta, perché non sapevo dove sarei potuta finire. Ho provato a riaccendere le luci, e poi "vedrai che passa"... ho finto di crederci. Quando arriva la fine, si deve avere pietà di sé.

stava giudicando, ma intanto pioveva ancora
di più, il rumore era forte e loro scappavano
via ad infrangersi.
Si rincorrevano, senza mai prendersi.
Ero sospeso, ero solo, lasciato a cercare una
strada, una luce, un riparo...
una guida.
Era di un destino fin troppo scontato, era con
me, il tuo...
Una luce mi ha abbagliato, un'altra e poi
un'altra ancora, e lì sono rimasto a guardare...
(...ed era bellissimo, ed io ho guardato anche
con i tuoi occhi, ma tu non lo sai...)
Ho cominciato a camminare, e il faro era
sempre lì, grande, maestoso, imponente.
Ero sospeso, ero leggero, ero troppo leggero...
scusami, sono volato in un momento...
...e quel punto era solo l'inizio
...del nostro nome.

E PASSASTI A

SALUTARE GLI ALTRI

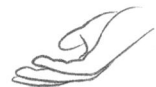

Ho visto che eri lì, seduto in mezzo a G. e ad A.,
e non fingerò con me stessa che avrei voluto
fuggire, nè di esserne rimasta sorpresa.
La verità è che io speravo di trovarti. Sono
passata per caso, solo all'apparenza.
E volevo trovarti per ignorarti, palesemente.
Davanti a tutti. Sfidarti, farti vedere che sono
perfettamente capace di stare nel tuo raggio
d'azione senza provare il minimo turbamento.
...solo che tu mi hai sorriso, sembravi colpito,
potrei dire che parevi quasi felice, potrei dirlo
se non avessi paura di restare beffata, dal
destino e da te...
Quando mi sei accanto, lo sento che non è
per caso... e poi ti sei alzato e sei passato alle
mie spalle, e mi è sembrato che un lembo
delle maniche arrotolate della tua camicia
mi sfiorasse. E non pensavo di percepire una
cosa così lieve, non pensavo di percepire uno
spostamento d'aria così impercettibile, così
minuto. Invece, sì. Perché è te che sentirei
anche se fossi in un qualunque 'altrove' del
mondo.
È te che voglio.

...e passasti a salutare gli altri.

C'ero anch'io, tra loro, tra gli sguardi, tra i discorsi, tra le tue parole...

...e le ho sentite, loro...

Vorrei perderti senza mai più ritrovarti, in un posto senza nome, dove neanche i pensieri possano avere il ricordo di noi...

...di quello che senti quando mi guardi...

...e parlo di quello che senti tu, perché sono un vigliacco, è così, lo so, lo riconosco...

Passare e allontanarmi da te, sentirti vicino e fare di tutto per scappare, da un desiderio all'altro...

...tornare da un posto lontanissimo, i tuoi occhi...

...resto ad ascoltarti mentre parli con G. e A., devo avere un'espressione idiota, ma non me ne frega, resto in silenzio, mi rendo conto che ciò che voglio è esattamente ciò di cui ho una paura fottuta, e questa nuova consapevolezza che poco alla volta mi prende, mi rende euforico, perché è come aver trovato una soluzione a un malessere che non sai da dove viene, né dove andrà...

E mi fai rabbia! Perché non ti capisco, e più tu
mi sfuggi, più io divento testarda...

...e invece vorrei essere quella di sempre,
indipendente, dal mondo e da te, dai tuoi
umori, dalla tua risata piena, che mi illumina
e mi confonde...

...ecco, ora mi guardi come se al mondo ci
fossimo solo noi due, e io non lo so più come
stanno davvero, adesso, le cose...

...perché l'Amore, quello vero, si porta appresso
il coraggio...

...e ora ti sto guardando anch'io...

Forse, lo avremo. Forse, lo abbiamo già.

Smetto di restare fermo...

Mi avvicino per sfiorarti, è più forte di me...

non posso starti lontano...

Mi avvicino, voglio parlarti... devo domandarti...

...l'aria, finalmente, sentirla scendere dentro, giù, nuova...

...farmi accompagnare dal vento per respirare con lui,

per fermarmi, ogni tanto, ad osservare il resto del mondo...

...te...

e poi non esserci, non trovarmi lì, vicino al desiderio di te...

perché quel desiderio è già parte di me.

Lo sarò, lo so.

MEZZANOTTE

DI UN SABATO BUTTATO

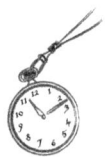

Sono innamorata di te.

L'ho capito l'altra sera, quando mi hai chiesto il nome del mio ultimo ragazzo, ed io per quanto mi sforzassi, e frugassi nella mia testa, proprio non riuscivo a tirarlo fuori. E mi è sembrato talmente assurdo, e forse neppure così encomiabile, quello che mi stava succedendo, che effettivamente se qualcun'altra mi avesse raccontato che le era accaduta questa cosa, nella migliore delle ipotesi l'avrei presa per pazza.

Ovviamente, poi, il nome mi è tornato alla mente, sarà stato un refuso emotivo, una specie di ombra che si è momentaneamente stesa sulla mia memoria, fatto sta che comunque non è questo il punto.

Il punto è che, evidentemente, conti tu.

E conti perché non pensavo che esistessi.

Voglio dire, non ero certa che ci saremmo incrociati. E d'altra parte, può accadere che si resti 'da soli' per sempre. Anche essendo in due. Il mondo è pieno di esempi del genere.

Ma io non volevo una cosa così.

Io volevo esattamente questo, non ricordare il

...nella solitudine di una stanza che sa di lontananza.

Una serata, con nessuna voglia di immergermi in bagordi e traffico, nessuna voglia di sprofondare in voragini, sono solo, a camminare segnando i passi...ma sono passi, che non fanno male e non fanno rumore.

È un malessere nuovo. Un disagio. Una specie di languore. Non lo so se è Amore. O bisogno d'amore. Non lo so cos'è che mi sta tormentando...

Vedersi, desiderarsi, fare l'amore, darsi, ubriacarsi; c'è un confine impercettibile tra l'amore e il bisogno d'amore. Penso sia lo stesso confine che si disegna tra il coraggio e l'incoscienza. In entrambi i casi, c'è qualcosa di naturalmente straordinario contro qualcosa di patologico. Qualcosa che ci migliora, ci illumina, ci incanta contro qualcosa che ci rende dipendenti e inconsapevoli.

Non so come mai, proprio ora, mi torna in mente lei, mentre tu sei qui e occupi ogni centimetro dei miei sogni.

Non so come mai ci ripenso adesso...

'nome' di quello che è stato 'prima'.

Non nel senso di cancellare, però, non nel senso di dissimulare che sia mai esistito – che chi fa finta con se stesso e con gli altri di non avere un passato, mi fa seriamente paura.

Quello che intendo è la gioia di sentirmi come neonata, attrice al debutto. Diciottenne al voto. Come quando è il primo giorno dell'anno, e ti pare che tutto venga alla luce con una forza diversa.

Ecco, in questo senso: un inizio che non rinnega ieri, ma che semplicemente lo scavalca, lo sopravanza, lo conserva in fondo al sangue, ma fugge in avanti, verso il futuro.

E mi domando se può accadere davvero una cosa così, che si riparta da zero, come in una partita a 'Monopoli', senza passare dal Via.

Ti pare di cominciare, non di 'ri-cominciare'. Ogni cosa.

Certo, non al punto che vorrei condividere il mio tempo di ieri con te, cioè, per intenderci: non mi sfiora neanche lontanamente l'idea di presentarti quell'ex fidanzato di cui poi, per grazia di dignità personale, ho ricordato

Compagna di notti buttate, notti che avrebbero potuto avere un altro sapore, un altro colore, un'altra cenere, isole...

Ho acceso una sigaretta e lasciato che questa strana atmosfera la fumasse con me, in silenzio.

La sua voglia di rivoluzione che un tempo è stata pure mia, e chissà se l'ho vissuta da bugiardo...

"4 marzo millenovecentonovantasette", da lì, da oggi, da me, sono partito. Continuo a scrivere pezzi di me, di quello che è rimasto di me...dal sole, dalle parole che ho regalato, che ho urlato, che ho venduto a uomini e donne. E anche a lei...

Chissà cosa penseresti tu di lei, se l'avessi conosciuta, un tempo, un giorno qualunque di un po' di anni fa, magari ancora prima di conoscere me...

Che era una pazza, una sconsiderata... o, forse, avresti riso con lei delle vere sconsideratezze del mondo. Forse le avresti voluto bene...tu sei incapace di voler male a qualcuno!

Ed è strano come io oggi non abbia risposte. Né

il nome di battesimo. Perché penso che non
c'entra niente. Che non ha importanza e non
avrebbe senso. Di più, non ve n'è ragione,
motivazione utile.

Sono stata quello che sono stata, ho vissuto,
amato, camminato. Ho dato e ricevuto. Come
te. Ma i sentimenti hanno un peso, un senso,
un valore. Vanno rispettati, anche dopo, anche
quando è cambiato tutto.

È una questione di consapevolezza. Non puoi
fare finta di niente, non daresti all'amore –
anche quando hai solo creduto che lo fosse – il
posto che gli spetta di diritto.

E non vorrei conoscere nessuna delle donne
che hai avuto, neppure quella che più ti è
rimasta amica, neppure quella che hai amato
di meno. Non si può mescolare, non voglio
mescolare, non si può sovrapporre, non
voglio sovrapporre: né immagini, né voci, né
sensazioni.

Perché se è vero che la nostra corsa parte
adesso, ed è la corsa, allora è speciale,
esclusiva.

Allora, è unica.

sporche, né pulite. A volte, succede, succedono incontri che sono fascinazioni, e nient'altro. A volte senza entusiasmo, disperati, di chi ama senza misure, di chi è caduto senza contare gli scalini.

Sto osservando tutto questo panorama che ho dentro, seduto in basso, dalla cantina di me, luogo perfetto di conserve, fresche, insolite passioni, scandite lettera per lettera.

Fiumi di paure che mi hanno fatto compagnia lungo il corso delle giornate ad aspettare opinioni, possibilità, rinunce da raccontare...

Caro mondo, ti conosco, mi conosco, non ho saputo dirtelo allora, eccomi, voglio dirlo adesso, adesso che sono pronto, adesso che sono dentro a quest'attimo scompaginato, adesso che quasi ci galleggio leggero.

Voglio dirlo che, finalmente, io amo.

E diventa chiaro proprio oggi, mentre penso a ieri.

Dico cose banali, che dicono milioni di uomini, lo so.

Ma tu, ora, sei qui. Ed è come ci fossi sempre stata. Come se ti amassi da trent'anni – e

E niente di quello che è stato può confonderla,
anche se ora è chiaro che è altro quello che
conta. Anche se tutto ora è differente. Nuovo.
Migliore.

Perciò, non so dove arriveremo, tu ed io,
'insieme'.

Però, è questo avverbio – 'insieme' – che
spariglia le carte e ci tiene in gioco.

Perché ora siamo 'noi' e siamo in viaggio. Dritti
verso l'orizzonte, oltre la paura.

invece non sono neanche tre mesi – come se non avessi mai avuto altre donne, altre storie. Il mio tempo di prima si è azzerato, come non ci fossi stata che tu. Sempre. Da sempre. E non vorrei cambiare questo 'evento' per nessuna ragione al mondo. Non voglio smettere di sentire malinconia, se è il prezzo per stare così pieno di presente.

E non voglio regalarti il meglio, bensì quell'ultimo istante sbiadito delle mie giornate, come se questo mio vento soffiasse sempre come il primo giorno, ti ricordi...? ...il 'nostro primo giorno', sei tu che mi hai preso per mano. E poi la bolla è arrivata, e così, senza preavviso, dolcemente è scoppiata...

Gigliola de Feo, 48 anni, attrice e scrittrice, laureata in Scienze Politiche e allieva di Giulio Scarpati, ha vinto il Premio della critica al Festival Internazionale del Cinema di Salerno. Esperta di tematiche relative alle Pari Opportunità, è ideatrice ed autrice della rubrica giornalistica 'Dalla Parte del Torto'. Ha pubblicato la raccolta di poesie inedite 'Colpa Mia'. E' la Direttrice Artistica della Scuola di Recitazione "La Falegnameria dell'Attore"

Gianmarco de Stefano, 50 anni, laureato in communication e Media Studies, ha lavorato in realtà internazionali occupandosi di marketing e comunicazione. E' esperto in Digital Marketing e Reputazione Digitale.

Indice